Ute Lauterbach
Lässig scheitern

UTE LAUTERBACH

LÄSSIG SCHEITERN

DAS ERFOLGSPROGRAMM
FÜR LEBENSKÜNSTLER

Für Anna Katharina
mit den besten
Wünschen für 2009

ak

KÖSEL

2. Auflage 2007

Umschlag: Kaselow Design, München
Umschlagmotiv: Alberto Ruggieri, getty images
Illustrationen: Wolfgang Pfau, Baldham
Druck und Bindung: Kösel, Krugzell
Printed in Germany
ISBN 978-3-466-30759-3

Gedruckt auf umweltfreundlich hergestelltem Werkdruckpapier (säurefrei und chlorfrei gebleicht).

www.koesel.de

INHALT

DAS VERKANNTE SCHEITERN

Wer scheitern kann, hat mehr vom Leben. Niemand will scheitern. Trotzdem passiert es ständig. Beziehungen scheitern, die Kinder sind nicht so, wie sie sein sollen, die Eltern auch nicht, Computer stürzen ab, die Wirtschaft wirtschaftet rum, Menschen werden krank und sterben sogar.

Wer die Fragen nicht beantwortet, hat die Prüfung bestanden.
Franz Kafka

Manche resignieren, andere hingegen strengen sich an wie verrückt. Beide Lager erliegen auf ihre Art dem Motto »Müßiggang ist aller Laster Anfang« oder »Ohne Fleiß kein Preis« und repräsentieren zwei Seiten ein und derselben Leistungsmünze: Je perfekter wir sein wollen und je höher wir die Messlatten hängen, umso sicherer peinigen uns Druck und Versagensängste. Da »hilft« dann nur resignieren oder intensivstes abrackern.

Was wäre die Alternative? Ganz einfach: Wir schwenken um vom Arbeitserfolg zur Lebenserfüllung. Wir kultivieren die Bereitschaft zu scheitern und laden Entspannung, Begeisterung und Freude ein. Eine fehlerfrohe Grundhaltung trägt zentral zur Lebenskunst bei. Und nicht nur zur individuellen Lebenskunst, die Atmosphäre in der Gesellschaft änderte sich deutlich, wenn wir Lebensfreude und Erfüllung höher schätzten als Imagepflege und Leistungswahn.

Und die Zeichen stehen gut. Die Voraussetzungen für das Scheitern werden immer besser: Je höher und je widersprüchlicher die Anforderungen, umso leichter das Scheitern. Wer geforderte, unmögliche Spagate nicht hinkriegt, scheitert bereits. Wenn du es also nicht schaffst, privat ganz entspannt doppelt so viel Zeit zu haben und außerdem im Job Überstunden zu machen, dann bist du schon mittendrin im Scheitern. Obwohl diese Widersprüchlichkeit ins Auge springt, hüpfen wir lieber auf den Überforderungszug auf. So entsteht die große Gelegenheit fürs Scheitern.

Es ist schon komisch: Bewusst willst du das Riesending drehen oder wenigstens gut drauf sein. Unbewusst legst du dir Knüppel in den Weg. So schleicht sich das Scheitern ein. Und wer gewinnt? Oft die Knüppel. Was würden sie sagen, wenn sie sprechen könnten? Vielleicht: »Du bist auf der falschen Spur. Denk mal um. Mach's dir leichter. Warum willst du dir ein Eis auf dem Berg kaufen, wenn es unten einen Kiosk neben dem anderen gibt? Wem willst du's recht machen? Dir? Anderen? Nichts gegen Erfolg – aber geht's auch ohne Anstrengung? Wenn nicht, dann helfen wir eben nach. Und wir sind wirklich effizient: Das Scheitern geht mit uns flott und leicht. Wie es dir wohl ginge, wenn du es lässig mitmachen könntest?«

Ja, das ist die Frage. Das Scheitern geht so richtig von selbst, einfach so, ohne bewusste Anstrengung. Trotzdem ist es verpönt. Wir machen es eben nicht lässig mit. Was ist denn los mit dem Scheitern? Was mit dem Erfolg?

Wir definieren es alle gleich: Erfolg ist, wenn es klappt wie vorgenommen. Scheitern ist das Gegenteil: Es klappt nicht wie vorgenommen. Werden Idee oder Zielvorstellung nicht erreicht, so nennen wir es scheitern.

Willst du das Fußballspiel gewinnen …
Willst du den Himalaja besteigen …
Willst du den Führerschein oder Abitur machen …
Willst du einen entspannenden Urlaub genießen …
Willst du ein guter Politiker sein …
Willst du eine Bank überfallen …
Willst du den Armen helfen …
Willst du ewig jung sein …

Einerlei was du willst, wenn du dein Ziel nicht erreichst, erlebst du es als Scheitern. Die meisten sind mies drauf, wenn sie scheitern. In der Tüte des Scheiterns sind einige Zugaben: Selbstwerteinbruch, Frust, Entmutigung.

Die Formel des Scheiterns lautet daher ganz einfach:

Gewolltes Ziel + nicht erreichen = scheitern

Was überhaupt nicht funktioniert

Keine Ziele mehr zu haben, in der Hoffnung, dass es dann nichts mehr zu erreichen und somit kein Scheitern gäbe. Das klappt leider nicht, weil kein Ziel zu haben ebenfalls ein Ziel ist. Außerdem haben wir ständig Ziele, ob wir wollen oder nicht. Allein die Befriedigung der Grundbedürfnisse bietet reichlich Gelegenheit zum Scheitern: Du suchst eine Toilette und findest keine, du machst dir ein Rührei und es brennt in der Pfanne an. Du brauchst einen Kaffee (wir wollen hier jetzt nicht diskutieren, was zu den Grundbedürfnissen gehört und was nicht) und die Tüte ist leer.
Wie wäre folgender Ausweg? Du wolltest eigentlich lieber deine Blase trainieren, Rührei ist sowieso ungesund und Wasser trinken allemal besser. Der Trick: Wenn es nicht klappt, dann definierst du dein Ziel einfach um. Jedes Schei-

tern, jede Minderleistung klopfst du auf Vorteile ab. Damit lockern sich die Ziele. Es gilt: Je festgezurrter die Ziele, umso fester bleiben wir mit dem Kopf in der Wand stecken. Oh je! Wenn wir so umdefinieren, sind wir aber Fähnchen im Wind der Umstände, Meinungsschwanker und Faktenfrisierer. Willensschwache Fatalisten, die ihr Leben nicht gestalten, sondern es einfach hinnehmen. Oder doch nicht?

WERNER UND FRANZ-JOSEF

Übrigens, haben Sie schon von Werner und Franz-Josef gehört? Die beiden wollten auf keinen Fall scheitern. So gerieten sie in die Not, unbedingt erfolgreich sein zu wollen. Folgendes hat sich zugetragen:

Werner will von Herzen gerne Rührei und Lieselotte verführen. Beides klappt nicht. Er scheitert also. Er hatte es gewollt und deshalb war die Möglichkeit des Scheiterns unausweichlich. Jetzt könnte er einfach umdefinieren. Das macht er nicht, sondern er gibt der blöden Pfanne und Lieselotte die Schuld. So besiegelt er sein Scheitern. Anstatt einen Gewinn für sich einzufahren, betreibt er Sündenbockpflege. Wer den Misserfolg meidet, hat das Scheitern nicht verstanden.

Schiebe alles auf. Tue niemals heute, was du auf morgen verschieben kannst. Alles Tun ist müßig, heute wie morgen.
Fernando Pessoa

Franz-Josef will Veronika erobern und ein spezielles Haus in der Provence kaufen. Beides gelingt.

Formel des Erfolgs:

Gewolltes Ziel + erreichen = Erfolg

Franz-Josef freut sich. Er zieht mit Veronika in die Provence, wo Veronika sich allerdings in den Nachbarn verliebt: Veronika ist futsch, das Haus ist ihm verleidet. Er grämt sich und wünscht im Nachhinein, nicht gewollt zu haben, was er wollte.
Neue Ausgabe der Formel:

Ungewolltes Ziel + erreichen = Scheitern

Franz-Josef weiß nicht mehr, was er will und ob er überhaupt wollen soll. Sicherheitshalber setzt er sich in eine Ecke. Dort sitzt schon Werner. Die beiden freunden sich an und gründen den »Club für gescheiterte Männer«. Ein Riesenerfolg! Das Scheitern wird prämiert. Alle prahlen mit ihrem Scheitern. Ein neuer Kult, der Kult des Scheiterns entsteht.
Im Zeitraffer berichtet geht es so weiter:
Aus dem Kult wird allmählich eine Kultur: weniger Leistungsstress, mehr Ruhe, mehr Entspanntheit, weniger Anstrengung, keine starren Ziele, stattdessen spontanes Ausprobieren, mehr Spiel und Spontaneität, weniger Plan, mehr Flow, weniger Störung (ich nenne das gerne Tilt, das Gegenteil von Flow), mehr Lebensfreude, weniger, viel weniger Konkurrenz, weniger Kampf und Krampf. Mehr Menschlichkeit.

Franz-Josef und Werner sind die Anti-Stars einer neuen Epoche. Sie sitzen nicht mehr sicherheitshalber in der Ecke, sondern machen fehlerfroh und leichten Herzens, was ihnen gerade gut scheint. Sie kleben nicht an angepeilten Ergebnissen. Das Überraschendste dabei: Es gelingt ihnen nicht mehr wie früher zu scheitern. Und wenn, dann scheitern sie lässig. Aber das fällt ihnen kaum auf, weil sie ihr Tun nicht mehr als Erfolg oder Misserfolg verstehen, sondern einfach als Ausdruck von Lebensfreude.

VOM SCHEITERN ZUR LEBENSFREUDE?

Ein weiter Weg. Allerdings. Obwohl er eigentlich so kurz ist wie das Scheitern schnell. Aber wer hat schon das Glück, Clubmitglied bei den Scheiterern zu werden? Inzwischen immer mehr Menschen. Sogar Frauen gründeten wegen der Emanzipationsirrläufer »Clubs für gescheiterte Frauen«. So war es zumindest in der Anfangszeit. Inzwischen scheitern alle wild durcheinander. Seit zig Jahren gibt es keine geschlechtsspezifischen Clubs mehr. Scheitern dürfen alle. Die Clubmitglieder haben sich gut organisiert und zeichnen sich in der Regel wie ihre Begründer, Werner und Franz-Josef, durch gute Laune aus.

Mitten im Winter entdeckte ich einen unverwüstlichen Sommer in mir.
Albert Camus

Nichts motiviert und zieht so wie das gute Vorbild. Kein Wunder also, dass die Medien aufmerksam wurden und dass sich der Markt auf das Phänomen des Scheiterns geworfen hat. Slogans wie »Wer nicht scheitert, ist selber schuld« sind an der Tagesordnung. Netzwerke sind entstanden und unter »www.brauchstnichtgucken.com« ist nichts zu finden. Neben diesem eher populären Boom gibt es aber auch seriöse For-

schungen. Besonders bemerkenswert ist die Untersuchung der *Akademie für angewandte Lebenskunst*. In praxisnahen Überlegungen wurde herausgearbeitet, was die Prinzipien ergiebig lässigen Scheiterns sind.
Der Ruf nach fundierter Aufklärung wird unüberhörbar. Nicht jeder hat schließlich Lust und Zeit, ständig im Club rumzuhängen. Außerdem spukt die Angst vor einem mutwillig scheiternden Abendland noch in vielen Gemütern. Eine Niederschrift der zentralen Prinzipien muss her. Gustav, der Präsident des Clubs, hat sich also an die Arbeit gemacht.

GUSTAV, DER PRÄSIDENT

Bevor ich das lässige Scheitern lernte, war ich eine Oberniete. Erst war's noch ganz nett. Ich hatte Erfolg. Dann hatte der Erfolg mich. Dann merkte ich, dass ich ihm diente. Ich war ein typischer Erfolgsknecht.
Meine Frau hat's hundert Jahre vor mir gemerkt. Als ich es schließlich kapierte, war sie leider samt Kindern schon weg. Man glaubt's ja nicht, aber mein Auto wurde auch noch geklaut und schlagartig war ich ... Nein, das sag ich jetzt nicht, aber so war es. Damit konnte ich mir auch die Geliebte von der Backe putzen. Logisch, dass mein äußerer Erfolg ebenfalls langsam einpackte. Ich fing an zu überlegen, welche Brücke hoch genug, welches Seil stabil und welcher Ast tragfähig genug wäre. Bei uns im Städtchen hat sich's auch sofort rumgesprochen. Ich war mir so peinlich. So war ich drauf, als ich vor vielen Jahren ein Plakat sah, auf dem stand:

Ich kam, sah und scheiterte lässig.
Gustav

»Heute schon gescheitert?«
Vortrag von Werner

»Heute ist gut«, dachte ich und bin hin. Ganz spontan. Das war der Beginn meines neuen Lebens.

Weil ich meine Freude mit Ihnen teilen möchte, dachte ich: »Mensch, da schreibste ein Buch drüber«, aber da mir das mit dem Schreiben nicht so liegt, – irgendwie finde ich schon, dass es mir liegt, aber andere finden es eher nicht – habe ich mir die Ausführungen der Akademie zum Thema Leistung, Erfolg und Scheitern besorgt. Dann war es ein Leichtes, diese Schrift zu sichten und zu kürzen. Ich zitiere sie und versehe sie gelegentlich mit Kommentaren. Das finde ich sogar noch besser, weil Sie dann mehr vom Original haben und ich weniger Arbeit. Es geht los mit einer Übersicht.

Grundlagen und Erfordernisse lässigen Scheiterns

- Die Bereitschaft zum Scheitern
- Leistung im Spannungsfeld zwischen Erfolg und Scheitern
- Wie geraten wir in dieses Spannungsfeld?
- Erster Ausstieg: Begeisternde Ziele und Leitbilder finden

- ➢ Zweiter Ausstieg: Im Flow scheiterbereit und daher genial
- ➢ Interview mit Werner und Franz-Josef
- ➢ Das Scheitern und die Bewusstseinsskala
- ➢ Dritter Ausstieg: Scheitern als Lebenskunst
- ➢ Übles und fröhliches Scheitern
- ➢ Herzstück der Recherche: Die Clubregeln für lässiges Scheitern

KOMMENTAR GUSTAV: Übrigens bezieht sich die Schrift der Akademie immer wieder auf Leitsätze der Kultur des Scheiterns. Zum Beispiel:

1. »Wir sind Spitze: Du kannst nicht und ich auch nicht.«
2. »Lässig ins Ungewisse, weil das Sichere nicht sicher ist.«
3. »Fehlerfroh ans Werk!«

Jetzt folgt der erste Punkt der Übersicht.

DIE BEREITSCHAFT ZUM SCHEITERN

KOMMENTAR GUSTAV: Anlass für die Recherchen der *Akademie für angewandte Lebenskunst* war die unerwartete Lebensfreude von Werner und Franz-Josef. Zwei Gescheiterte machen aus ihrer Not eine Tugend. Sie wenden ihr Scheitern ins Helle, brüsten sich gar damit, anstatt es schamhaft zu verstecken. Und zack, eine abermalige Wende: Genau damit haben sie Erfolg. Die beiden Pioniere des Scheiter-Booms behaupten, wirkliche Erfolge seien nur durch die Bereitschaft zum Scheitern möglich. Wer in diesem Sinne fehlerfroh ans Werk gehe, lebe zufriedener, sagen sie.

Es ist wesentlich besser, dabei zu versagen, du selbst zu sein, als erfolgreich jemand anderen nachzuahmen.
Herman Melville

Das führte die Akademie zu der Überzeugung, dass Leistung eher durch die Bereitschaft zum Scheitern als durch Erfolgsgeilheit gefördert wird. Die Verzahnung von Leistung einerseits und Scheiterbereitschaft andererseits wurde untersucht. Die Studie will diese Behauptung reflektieren und theoretisch fundieren. Dass sie praktisch greift, hat die blühende Kultur des Scheiterns bereits bewiesen. Trotzdem nennen die Verfasser auch Ausstiege aus dem Leistungs- und Erfolgsstress. Im Folgenden werde ich die Untersuchung wortwörtlich und, wie schon gesagt, teilweise gekürzt zitieren. Es beginnt mit einigen Thesen. Die hab ich mir richtig reingezogen.

Thesen

- Wer nie scheitern will, hockt in der Anstrengungsfalle.
- Scheitern als Lernchance.
- Lässiges Scheitern ist besser als verbissene Erfolge.
- Leichte Erfolge basieren auf der Bereitschaft zum Scheitern.
- Über mein Scheitern zu lachen ist höhere Lebenskunst als über eine Leistung zu lachen.
- Ganz oben auf dem Scheiter-Haufen werden die wirklichen Erfolge gefeiert.

KOMMENTAR GUSTAV: Wer sich verrückt macht, unbedingt Number One sein will, ist im Vollkrampf. Da ist nix Legeres mehr drin. Die Bereitschaft zum Scheitern ist oft Rückenwind für lockere Erfolge. Das ist der nächste Punkt.

Vorteile der Bereitschaft zum Scheitern

Fragen wir: Ist Höchstleistung das freieste Spiel unserer besten Möglichkeiten? Oder ist sie Ergebnis harter Übung? Hat ein Trainer recht, wenn er sagt:

»Im Leistungssport gibt es so eine Art Kanon: Siegen wollen. Verlieren lernen. Sich quälen können. Da haben Sie alles drin, auch: Die Niederlage beginnt beim zweiten Platz. Wer das nicht so empfindet, dem fehlt der Sinn für Höchstleistung.«

Einerlei ob er den Leistungsnerv treffend beschreibt oder nicht. Uns geht es darum aufzublättern, wie Leistung durch *radikale* Bereitschaft zum Scheitern *mit* Lust und *ohne* Qual denkbar ist.

Zusatzgewinne sind:
- Kein Energieverlust aufgrund von Versagensängsten.
- Entspanntes Wagen von Neuem.
- Radikale Eigenbestimmung der Ziele.
- Erkenntnis: Lässiges Scheitern kann schnurstracks zum Wesentlichen führen.

Die Fähigkeit, fehlerfroh ans Werk zu gehen, ist eine Grundhaltung, die nichts mit dummdreister

Inkompetenz zu tun hat. Es ist eine Handlungsbereitschaft, die durch Vertrauen, Hingabe und das Gefühl »es darf auch schief gehen« gekennzeichnet ist. Ich gebe mein Bestes und kein sogenannter Misserfolg darf die Macht haben, meine Liebe zu mir, zu anderen und zum Leben zu schmälern. So wird meine Bereitschaft zum Scheitern in einem ganz wesentlichen Sinne zum Pulsschlag gelingender Lebenskunst.

KOMMENTAR GUSTAV: Inzwischen sitzt das bei mir so gut, dass ich gar nicht mehr in Begriffen wie »Leistung« und »Scheitern« denke. Ich lebe einfach. Ich finde mich einfach.

LEISTUNG IM SPANNUNGSFELD ZWISCHEN ERFOLG UND SCHEITERN

Leistung vollzieht sich zwischen Lust und Last, zwischen Flow und Tilt. *Scheitern* wir immer, wenn wir scheitern? Ist jeder »Erfolg« ein Erfolg? Vieldeutigkeit – in welche Richtung wir auch denken.
Von Bill Cosby gibt es die Aussage: »Den Schlüssel zum Erfolg kenne ich nicht. Der Schlüssel zum Scheitern ist der Versuch, es allen recht zu machen.«

> **Alles seit je. Nie was andres. Immer versucht. Immer gescheitert. Einerlei. Wieder versuchen. Wieder scheitern. Besser scheitern.**
> ***Samuel Beckett***

So wie wir also in der Fixierung auf andere scheitern, genauso scheitern wir in *jeder* Fixierung – sei es auf ein Ziel, auf Werte, auf Anerkennung hin. Dann doch lieber lässig und unverbissen – also fehlerfroh ans Werk. Damit ist nicht gemeint, sich um einen entschiedenen Willen zum Fehler-Machen zu bemühen. Das wäre der gleiche Krampf in grün. Das neue Motto ist *nicht*: »Erfolgreich ist nur, wer viele Fehler hinkriegt.« Erfolgreich ist vielmehr, wer in der Lage ist, auch das

Scheitern als Kick zu nehmen. Dann ist es einfach nur nützlich, um die Erfolgsspur deutlicher zu erkennen.

»Ich begreife das Scheitern als mehrfache Chance. Häufig bin ich mit neuer Entschlusskraft und klareren Vorstellungen aus dem Scheitern herausgegangen.«

Reinhold Messner

Radikal gedacht, ist die Bereitschaft zum Scheitern Inbegriff der Lebenskunst: Sie lässt nicht nur Raum für Korrekturen, sondern auch für Entspannung, Eigensinn, Offenheit, Spontaneität und Selbstakzeptanz.
Wenn wir den positiven Aspekten des Scheiterns nachspüren, fällt ein neues Licht auf den Begriff der Leistung. Sowohl die gelungene wie die misslungene Leistung lassen sich jeweils differenzieren und zwar so:

DIE GELUNGENE LEISTUNG

❶ Leistung als große Lust

Ich kann, was ich will.

- Kopf und Herz sind frei und jubeln
- Erfolg und Primärbefriedigung
- Flow

❷ Leistung als eingeschränkte Lust

Ich kann *nicht*, was ich will.

- Intrinsisch motivierter Typ, der immerhin versucht, sein Ding zu machen
- Scheitern und Primärerkenntnis = ergiebiges Scheitern

❸ Leistung als eingeschränkte Last

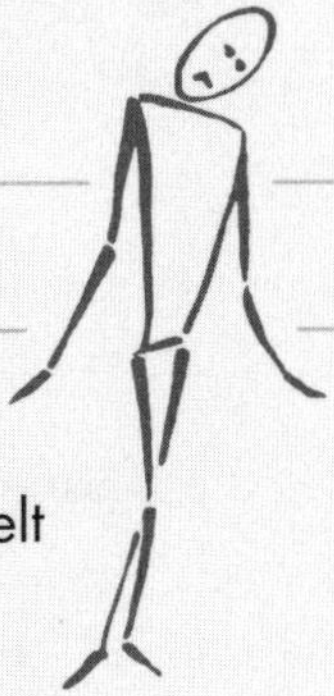

Ich kann, was ich *nicht* will.

- Extrinsisch motivierter Typ, der an der inneren Befriedigung vorbeirasselt
- Scheitern, Primärfrust und Sekundärbefriedigung
- Lässiges und ergiebiges Scheitern unter Umständen möglich

❹ Leistung als große Last

Ich kann *nicht*, was ich *nicht* will.

- Kopf und Herz sind überhaupt nicht frei
- doppeltes Scheitern
- Primär- und Sekundärfrust
- Tilt

Die gelungene Leistung

KOMMENTAR GUSTAV: Bevor Sie weiterlesen, hier ein Tipp: Finden Sie raus, was Sie für ein Typ sind. Also in welche Leistungskategorie Sie gehören.

❶ Leistung als große Lust

Ich kann, was ich will.

- ➢ Kopf und Herz sind frei und jubeln.
- ➢ Erfolg und Primärbefriedigung
- ➢ Flow

Auf die »Leistung als große Lust« sind wir stolz, weil sie uns erfüllt, begeistert und glücklich macht. Es ist eine Leistung ohne bitteren Beigeschmack, ohne ungute Nebenwirkungen. Sie ist intrinsisch motiviert, bedeutet *Erfolg* und *Flow*. Sie schenkt *Primärbefriedigung*.
Kurzformel: Ich kann, was ich will.
Beispiel: Birgit *kann* Blumenbeete anlegen und *will* es auch.

❷ Leistung als eingeschränkte Lust

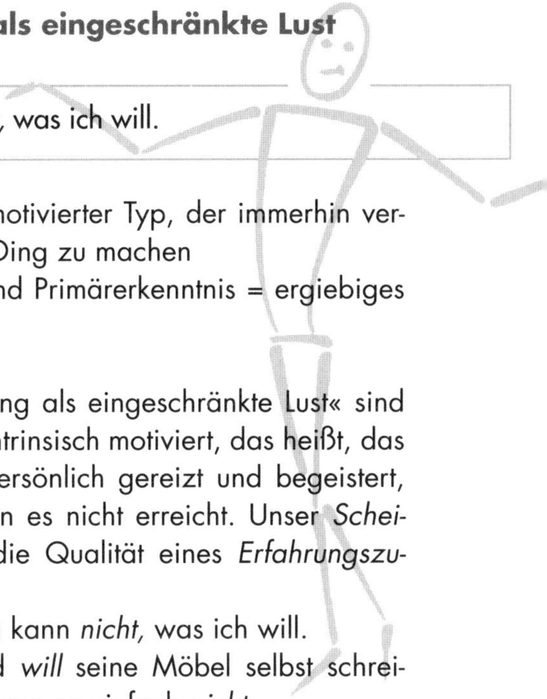

Ich kann *nicht,* was ich will.

- ➢ Intrinsisch motivierter Typ, der immerhin versucht, sein Ding zu machen
- ➢ Scheitern und Primärerkenntnis = ergiebiges Scheitern

Bei der »Leistung als eingeschränkte Lust« sind wir ebenfalls intrinsisch motiviert, das heißt, das Ziel hat uns persönlich gereizt und begeistert, aber wir haben es nicht erreicht. Unser *Scheitern* hat hier die Qualität eines *Erfahrungszuwachses.*

Kurzformel: Ich kann *nicht,* was ich will.

Beispiel: Bernd *will* seine Möbel selbst schreinern, aber er *kann* es einfach *nicht.*

Immerhin wirft diese Leistungs-Spielart eine *Primärerkenntnis* ab, welche im besten Fall zur Mobilisierung von Ressourcen oder zur Neubestimmung von Zielen führt. So nistet sich kein Dauerübel ein. Deshalb unsere Zuordnung zur »gelungenen Leistung«. Hier können wir von ergiebigem Scheitern sprechen. Es hat sich doppelt gelohnt: Wir waren uns treu und sind nach dem Versuch klüger.

Epikur sagt es so:

»… schöner ist es, wenn beim Handeln der rechte Entschluss nicht zur rechten Erfüllung kommt, als wenn ein unrechter Entschluss durch den Zufall zu rechter Erfüllung gelangt.«

Die misslungene Leistung

❸ Leistung als eingeschränkte Last

Ich kann, was ich *nicht* will.

- Extrinsisch motivierter Typ, der an der inneren Befriedigung vorbeirasselt
- Scheitern, Primärfrust und Sekundärbefriedigung
- Lässiges und ergiebiges Scheitern unter Umständen möglich

Die »Leistung als eingeschränkte Last« ist eine, für die uns *andere* rühmen, die *uns* aber ausbrennt, uns verheizt und frustriert, anstatt uns zu beglücken. Sie ist extrinsisch motiviert und bei der Einschätzung des Lebenserfolgs als *Scheitern* einzustufen, selbst wenn wir die versagte Lebensfreude in einer Leidensethik hochjubeln.

Kurzformel: Ich kann, was ich *nicht* will.
Beispiel: Sophie *kann* wunderbare Excel-Tabellen erstellen, aber *will es nicht.*
Für die äußerlich gelungene Leistung wird die innere Zufriedenheit als Preis gezahlt. Eine *Sekundärbefriedigung* in Form von äußerer Anerkennung kann trotzdem abfallen. Nachteil dieses Scheiterns ist, dass ich unter Umständen jahrelang oder gar ein ganzes Berufsleben lang aushalte, etwas zu tun, was ich nicht will. Hier hätte ich freilich die Chance zu erkennen, dass ich auf das *falsche Pferd* gesetzt habe. Diese Erkenntnis wäre immerhin ein Vorteil. Wer ihn wirklich einsackt, scheitert ergiebig. Wer ihn schnell einzustreichen versteht, scheitert lässig und ergiebig.
Trösten wir uns mit Leonard Cohen:
»There's a crack in everything, that's how the light gets in.«

❹ Leistung als große Last

Ich kann *nicht,* was ich *nicht* will.

- Kopf und Herz sind überhaupt nicht frei
- doppeltes Scheitern
- Primär- und Sekundärfrust
- Tilt

Die »Leistung als große Last« bemächtigt sich unser, wenn uns das Ziel bereits anödet, wir uns dennoch bemühen, es zu erreichen und obendrein versagen. Hier müssen wir vom *doppelten Scheitern* sprechen. In diesem Leistungstheater sind *Primär-* und *Sekundärfrust* unser Los. *Tilt* total.

Kurzformel: Ich kann *nicht,* was ich *nicht* will und versuch es trotzdem.

Beispiel: Christa *kann nicht* und *will nicht* kochen und versucht es für ihren lieben Holger dennoch immer wieder.

KOMMENTAR GUSTAV: Viertens ist echt der härteste Fall. Ich war früher lange Zeit der brave Typ, der sich beim dritten Punkt quälte. Als sogar das nicht mehr klappte, habe ich eine Qualrunde bei diesem vierten Punkt gedreht. Aber wie immer: Am Anschlag kommt die Wende.

WIE GERATEN WIR IN DAS »LEISTIGE« SPANNUNGSFELD VON SCHEITERN UND ERFOLG?

Auf die tausend Gründe, die es immer gibt, gehen wir nicht ein, sondern nennen stellvertretend ein Basisübel unserer Zeit: Das Kind erhält in vielfältiger Form die Botschaft, dass aus ihm etwas werden soll. Sogar die Aussage »Aus dir wird sowieso nichts« enthält diesen Anspruch. Aus uns soll also etwas werden, weil wir so, wie wir sind, (noch) nichts sind.

If you think education is expensive, try incompetence.
Jeffrey Fox

Was konkret aus uns werden soll, bleibt zumeist und zunächst verschwommen. Deutlich ausgesprochen wird, wo wir landen, wenn nichts aus uns wird: in der Gosse oder auf der schiefen Bahn.

Wie etwas aus uns werden kann, hören wir hingegen ständig: Wir sollen uns Mühe geben und uns anstrengen. Wir lernen, dass Müßiggang aller Laster Anfang ist, denn ohne Fleiß kein Preis – und geschenkt wird einem sowieso nichts. Das Leben ist halt Müh und Plag, was die Vor-

machtstellung der Arbeit vor dem Vergnügen begründet – zumal wir in einer Leistungsgesellschaft leben, in der die Konkurrenz nie schläft.
So rutschen viele auf eine Leistungsschiene, die Leistung um der Leistung willen fordert. Was dabei auf der Strecke bleibt, ist eine die Leistenden *wirklich* überzeugende Reflektion der inhaltlichen Ziele. Warum sollen wir uns die Integralrechnung ins Hirn hämmern, warum lernen, wie sich der Flusskrebs fortbewegt und warum lateinische Stammformen pauken? Auf anderer Ebene zeigt sich die Leistung um der Leistung willen in der Entwicklung von Waschmaschinen mit hundert Programmen, wo vier völlig ausreichten.
Ziehen wir eine Zwischenbilanz:
Solange wir um der Leistung willen leisten, bleiben wir auf der Strecke, sind nicht motiviert, sondern frustriert. In der Fixierung auf Leistung um ihrer selbst willen bleibt ein lässiges Scheitern, das zum Wesentlichen führte, verpönt.
Wie entspannend ist im Vergleich dazu die Aufforderung »Fehlerfroh ans Werk!«.
Sie enthält eine optimistisch beschwingte Note, die wir umso deutlicher fühlen, je mehr uns unsere Ziele ziehen. Für Werke, die uns bereits im Vorfeld abtörnen, lohnt sich die Fehlerfreude nicht. Unser erster Schritt besteht im Entdecken und Entfachen von Begeisterung: Begeisternde Ziele wirken Wunder.

ERSTER AUSSTIEG: BEGEISTERNDE ZIELE UND LEITBILDER FINDEN

»Wer das Ziel nicht kennt, für den ist kein Weg der richtige«, sagte Seneca. Anders formuliert: Die Leistung als Lust und das Scheitern als Gelegenheit machen Spaß und Sinn, wenn das Ziel uns begeistert.

Bevor wir uns systematisch auf die Spurensicherung Richtung Begeisterung begeben, machen wir einen Ausflug zum 20.4.1961.

An diesem Tag erhielt der amerikanische Vizepräsident Lyndon B. Johnson eine Nachricht von John F. Kennedy, dem damaligen Präsidenten der USA. Kennedy kommt direkt zur Sache:

Nie habe ich mir etwas anderes gewünscht als das Unvorstellbare.
Fernando Pessoa

»Sie sind doch Vorsitzender des Weltraum-Ausschusses, dann erstellen Sie doch mal eine Übersicht, wo wir in Sachen Raumfahrt gerade stehen. Haben wir eine Chance gegen die Russen? Sind wir in der Lage, einen Menschen auf den Mond zu bringen und sicher wieder zurück? Arbeiten wir an diesem Ziel 24 Stunden lang? Wenn nicht, warum nicht? Und falls nein, unterbreiten Sie mir Vorschläge, wie wir schneller werden können.

Machen wir die größtmöglichen Fortschritte? Verwenden wir die richtige Technik? Gibt es Alternativen dazu? Erreichen wir unsere Ziele und womit? Ich möchte die Antworten darauf zum schnellstmöglichen Zeitpunkt.«

Wir wissen, wie die Sache weitergeht: Kennedy erhält die gewünschten Antworten, hält eine begeisternde Rede an das amerikanische Volk und das Ziel »Zum Mond und zurück« wird erreicht. Als kleines Experiment für Sie hat die *Akademie für angewandte Lebenskunst* Kennedys Rede für den ersten Ausstieg umgeschrieben:

»Sie sind doch Vorsitzende in Ihrem Leben, dann erstellen Sie doch mal eine Übersicht, wo Sie in Sachen Lebensfreude und Erfüllung gerade stehen. Haben Sie eine Chance gegen die Spielverderber des Glücks wie Leistungsmonster, Mußekiller und Familienmafia? Sind Sie in der Lage, sich mit Begeisterung für das, was sich für Sie wirklich lohnt, einzusetzen? Arbeiten Sie an diesem Ziel 24 Stunden lang? Wenn nein, warum nicht? Und falls nein, unterbreiten Sie sich Vorschläge, wie es leichter gehen könnte. Verwenden Sie die richtige Strategie zur Selbstbefreiung? Gibt es Alternativen? Erreichen Sie Ihre wirklichen Ziele und womit? Geben Sie sich die Antworten zum schnellstmöglichen Zeitpunkt.«

Wir sind gerade auf dem Weg zu neuen Leitbildern und motivierenden Zielen. Unter einem Leitbild verstehen wir keine ideologischen Reckstangen, kein ehrgeiziges Stretching zum Unmöglichen hin, sondern nur eine Vision dessen, was mich individuell wirklich vom Hocker reißt. Zur gründlichen Erschließung Ihrer persönlichen Begeisterungsknackpunkte hier einige Fragen, durch deren Beantwortung Sie Ihr eigenes Leitbild finden.

KOMMENTAR GUSTAV: Nachdem ich die folgenden Fragen ganz ehrlich beantwortet hatte, konnte ich wesentliche Weichen stellen. Mein Vorteil war, bereits so tief im Scheitern zu stecken, dass ich reif war für eine satte Selbstkonfrontation und für das Wesentliche. Inzwischen habe ich das lässige Scheitern gut drauf und finde die Fragen trotzdem immer wieder nützlich.

- ➢ Wer bin ich?
- ➢ Was will ich wirklich?
- ➢ Was macht mein Leben sinnvoll?
- ➢ Wann bin ich erfolgreich?
- ➢ Wann wird es anstrengend?
- ➢ Was befriedigt mich zutiefst?
- ➢ Was ist der Unterschied zwischen dem Vollendeten und dem Fertigen?
- ➢ Will ich fertig oder vollendet sein?

- Wie lebte ich, wenn ich unbegrenzt Geld hätte?
- Wie sieht ein idealer Tag aus?
- Was mache ich richtig gern?
- Was begeistert mich?
- Was bewundere ich?
- Was beneide ich?
- Ein Wunder geschieht ... was ist dann anders?

Letztlich geht es um Fragen und Antworten, mit denen wir uns selbst freilegen. Wenn wir wissen, *was* wir wollen und *wozu* wir es wollen, dann öffnen wir den Handlungsraum der gelingenden Leistung als große Lust① (siehe Seite 28). Dem innersten Ruf zu folgen, bedeutet die eigene Berufung zu finden.
Aber wird es jetzt nicht zu riskant? Solange uns nämlich gelingt, was die anderen – einerlei ob sie real oder eingebildet sind – wollen, sind wir im Anpassungslaufställchen, ernten soziale Anerkennung oder zumindest soziale Billigung. Wer jedoch sich selbst folgt, steht einsam im Wind der Geschichte und trägt allein an der Verantwortung für sein Leben. Das scheint ungemütlich. Deshalb quält sich Sophie widerwillig mit Excel-Tabellen. Ihre Leistung ist freudlos gut. Sie erntet Lob und Anerkennung. Nur so hält sie die »Leistung als eingeschränkte Last«③ aus. Macht das

wirklich Sinn? Lohnt es sich überhaupt, vom Sozialgekuschel eingeschränkter *Last* in die dünne Luft der Leistungs*Lust* zu wechseln? Und *wie*? Spielen wir es am Beispiel »Sophie« durch. Momentan befindet sie sich in der Kategorie »fremdbestimmt erfolgreich = Erfolgsniete«③. Sie ist äußerlich erfolgreich, aber unglücklich. Wenn sie diese Kategorie verlassen will, muss sie zunächst auf Eigenbestimmung setzen. Was ist ihr Ding? Was macht sie richtig gerne? Surfen und nähen. Sie macht sich als Modedesignerin selbstständig. Die Inhalte dieser Aufgabe machen ihr zwar Spaß, aber sie kann sich auf dem Markt nicht behaupten. Sie landet in der Kategorie der »Leistung als eingeschränkte Lust«②. Das ist freilich nicht die beglückendste Kombination, aber sie taugt als Ansporn zum Freilegen von Ressourcen und zum Neubestimmen der eigenen Ziele. Da Sophie das schnell kapiert, scheitert sie lässig und ergiebig.

Sie setzt aufs Surfen. Als beliebte Surflehrerin lebt sie ihren Traum. Sie ist eigenbestimmt erfolgreich und wechselt so in die Kategorie »Leistung als große Lust«①. Allein durch die Entschiedenheit zur Eigenbestimmung vermeidet Sophie die ungemütlichste Herausforderung – die »Leistung als große Last«④. Hier wird nämlich fremdbestimmt gescheitert.

Sophie war mutig und gab dem Volksmund Recht.

Der sagt es deutlich, »Wer wagt, gewinnt«, aber ist das Wagen nicht zu waghalsig? Was riskiert der Mutige? Vielleicht setzt er nur sein Unglück aufs Spiel?
Fragen wir uns: Wie sicher ist das Sichere? Erica Jong sieht es so:

»... die Krux ist, nichts zu riskieren bedeutet sogar, noch mehr zu riskieren.«

Oder Helen Keller:

»Letzten Endes ist es genauso gefährlich, der Gefahr auszuweichen, wie sich ihr auszusetzen.«

Wer dem eigenen Leitbild in mutiger Selbstergreifung folgt, wagt den Sprung in ein neues Bewusstsein, in ein anderes Leben, dem die Möglichkeit der Erfüllung kostbarer ist als die Orden eingeschränkter Leistungslast. Das neue Terrain lässt sich mit der Bereitschaft, einfach mal zu scheitern, viel leichter betreten. Diese Bereitschaft ist bereits eine Leistung der besonderen Art. Glauben wir Niels Bohr, wenn er sagt:

»Wer wirklich Neues erdenken will, kann gar nicht verrückt genug sein.«

In der Ver-rücktheit könnten wir doch wahrlich erleben, dass Preis nur ohne Fleiß ist, dass erst im Vergnügen die Arbeit beglückt, dass es schön ist, den Tag schon vor dem Abend zu loben, dass uns das Beste sowieso geschenkt wird, dass Müßiggang aller Tugend Trumpf ist – und dass aus uns nichts *werden* muss, weil alles *in* uns ist.

ZWEITER AUSSTIEG: IM FLOW SCHEITERBEREIT UND DAHER GENIAL

So weit, so fröhlich, aber wie soll der Sprung in das Terrain der Scheiterbereitschaft gelingen? Und was macht dieses andere Bewusstsein im Kern aus? In einem Exkurs möchten wir diese beiden Fragen induktiv beantworten, indem wir an die jedem Menschen vertraute, innere Erfahrung anknüpfen.

Beginne nicht mit der Suche nach einem Hindernis, vielleicht ist gar keines da.
Franz Kafka

Betrachten wir, welcher Bewusstseinszustand und welche Befindlichkeit Leistungsfähigkeit, geschweige denn Genialität blockieren:

- übermäßige Anstrengung
- übertriebener Perfektionismus
- Stress und Druck
- Widerwille gegen Ziel und Inhalt
- Tilt

Und betrachten wir, welcher innere Zustand Spitzenleistung oder gar Genialität begleitet:

- Entspanntheit
- Absichtslosigkeit
- Begeisterung

- spielerische Freude
- Flow

Das naheliegende Fazit ist, dass wir diese Spitzenleistungs-Sternstunden der Absichtslosigkeit zu kultivieren hätten, anstatt uns ergebnisgeil abzurackern. Wenn wir die beiden Bewusstseinshaltungen noch genauer analysieren, stellen wir im Fall der Leistungsblockade fest, nie ganz bei der Sache zu sein, weil wir ans Ergebnis denken, weil wir hadern, weil wir Anerkennung wollen. Kurz: weil wir sekundär (extrinsisch) motiviert sind. Anders gesagt: weil wir im Gedankenkarussell hocken und mit Spielverderbern des Glücks kämpfen.

Im Fall der Leistungslust sind wir begeistert bei der Sache, weil sie uns gefällt, weil sie selbstbelohnend ist, weil wir primär (intrinsisch) motiviert sind. Oder mit anderen Worten: Wir haben den Kopf frei für das, was wir tun – wir sind sozusagen außerhalb von Erfolg und Misserfolg, von Leistung und Scheitern. Und genau deshalb sind wir potenziell sogar bereit zu scheitern – denn in der Schaffensfreude ist es so unbedeutend wie der Erfolg. Hier kann die Bereitschaft zum Scheitern nur Früchte tragen: Sei es, dass sie uns zum genialen Wurf trägt, sei es, dass sie uns den Weg zum Wesentlichen erkennen lässt.

Wir haben soeben zwei Bewusstseinszustände

unterschieden. Zur Präzisierung der inneren Abläufe ziehen wir jetzt die von Lauterbach entwickelte Bewusstseinsskala heran. Eine erste thematische Ausfaltung dieser Skala bietet das Buch *Der Glückspilot. Ganz und anders leben*[1]. Stellen Sie sich jetzt bitte eine Bewusstseinsskala von dunkel bis hell beziehungsweise von Tilt bis Flow vor. Auf dieser Skala können Sie sich wie bei einer Lampe einen Schiebedimmer denken, er schiebt uns je nach innerer Verfassung Richtung Tilt oder Flow. Sekündlich hängen wir irgendwo zwischen Last und Lust. Drei Punkte auf dieser Skala können wir introspektiv besonders gut erkennen.
Bitte überprüfen Sie anhand Ihres eigenen Erlebens, was wir Ihnen vorführen. Da ist als Erstes der Punkt der neutralen Mitte.

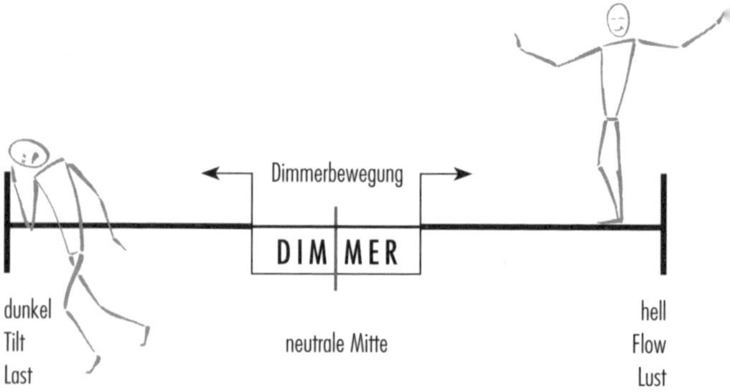

[1] Ute Lauterbach: *Der Glückspilot. Ganz und anders leben.* dtv

Wir erleben ihn im Gefühl, über unsere Sinne und Gedanken frei zu verfügen, als autonomen Eigensinn, als innere Ruhe. Also ein zufriedener und recht behaglicher – zumindest ungestörter – Zustand. Zudem erleben wir schon eine gewisse Ich-Stärke und fühlen durch die Herrschaft über uns selbst die Kraft der Verantwortung. Vergegenwärtigen Sie sich diesen Zustand der »neutralen Mitte«. Fragen wir: Wann und wie kommt uns die Gelassenheit abhanden? In welchem Moment rutscht der Dimmer nach links Richtung dunkel? Es ist exakt die Sekunde, in der wir etwas ungut persönlich nehmen, wenn wir uns verstricken und emotional einsteigen. Wenn Alfons zu Gerda sagt: »Du könntest auch mal was Intelligentes lesen, anstatt immer nur in die Glotze zu stieren.« Das ist die Sekunde, in der sich Gerdas Gelassenheit und Ruhe verabschieden: Ihr Dimmer rutscht nach links. Sie ist verletzt. Sie agiert nicht mehr in autonomer Eigenverantwortung, sondern schlägt als Opfer ihrer emotionalen Verstrickung um sich. Ihre Zufriedenheit ist futsch. Sie ist wütend, unglücklich und beleidigt. Alfons spürt, was los ist und holt nochmals aus: »Jetzt kommt als Nächstes deine Heulsusennummer!« Zack! Gerdas Dimmer flutscht noch weiter nach links. Ein Wort gibt das andere, bis beide am Punkt der totalen Verstrickung angelangt sind. Dort ist es zappenduster. Rationalität und seeli-

scher Spielraum haben sich verflüchtigt. Konstruktives Handeln, geschweige denn irgendeine produktive Leistung, sind außerhalb der Reichweite.
Wir haben den Wendepunkt von Gelassenheit zu Verstrickung genau isoliert. Ebenso deutlich sehen wir, wo der Punkt totaler Verstrickung auftrumpft.
Am hell leuchtenden Ende der Bewusstseinsskala erleben wir genau das Gegenteil: nämlich vollkommene Freiheit, grenzenlose Gelassenheit, weder innere noch äußere Bedrängnis. Kurz: einen inneren Bewusstseinspunkt außerhalb aller Bilden und Unbilden. Er ist der Inbegriff des freien Kopfes und weiten Herzens. An diesem Punkt erreicht die vom Flow getragene Absichtslosigkeit ihren Gipfel. Wir können sie begünstigen, wenn wir unseren Dimmer immer öfter nach rechts bewegen. Im zweiten Ausstieg befreien wir uns von den Spielverderbern des Glücks und vom Gedankenkarussell.[2]
Wenn nämlich das Gedankenkarussell rast und die Spielverderber des Glücks auftrumpfen, flutscht unser Dimmer verlässlich nach links. Damit einher werden unsere Leistungskompetenz

[2] Die Akademie empfiehlt hierzu die Bücher *Spielverderber des Glücks* und *Raus aus dem Gedankenkarussell* von Ute Lauterbach, Kösel-Verlag.

verdunkelt und die Bereitschaft zum lässigen Scheitern geschmälert. Am Punkt der totalen Verstrickung haben sie sich gänzlich verabschiedet. Dort haben wir keinen Abstand zu uns selbst und deshalb auch keinen Überblick mehr. Wir sind Marionetten unserer Emotionen. Von Gelassenheit keine Spur mehr! (Null Abstand = »Nullinger« in der Selbstwahrnehmung, im Gegensatz zu full sight am anderen Ende der Skala = »Fullinger« in der Selbstwahrnehmung).

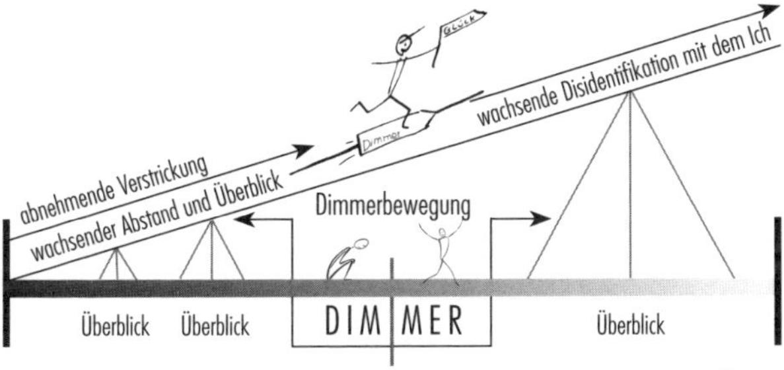

Nullinger
Null Abstand zu sich selbst.
Auge, das sich selbst nicht sieht.
Keine innere Verbindung zum anderen.

neutrale Mitte
Neutral objektiver Abstand zu sich selbst.

Fullinger
Full sight.
Keine Identifikation mit dem Ich.
Klares Weltauge, größtmögliche Nähe, innere Verbindung zum anderen und zu allem.

INTERVIEW ZUR BEWUSSTSEINSSKALA MIT WERNER UND FRANZ-JOSEF

KOMMENTAR GUSTAV: Die Bewusstseinsskala ist Werner und Franz-Josef vertraut, sie kennen sie aus der Studie der Akademie für angewandte Lebenskunst. Eine Journalistin spricht mit den beiden Pionieren des Scheiterns über die Bewusstseinsskala. Hier Auszüge des Gesprächs.

Ich erlange das Bewusstsein, Bewusstsein zu haben.
Fernando Pessoa

JOURNALISTIN: Wie würden Sie die Bewusstseinsskala von Ute Lauterbach zu Ihren persönlichen Erfahrungen mit dem Scheitern in Beziehung bringen?

FRANZ-JOSEF: Ganz einfach. Als ich damals das Haus in der Provence erstanden hatte und mit Veronika in mein neues Paradies zog, da vibrierte mein Dimmer dicht am Fullinger. Und dann – zack! – als der Nachbar meine Braut schnappte, flutschte mein Dimmer zum anderen Ende. Ich war am Nullinger verstrickt, emotional eingestiegen, hatte den Kopf nicht frei. Schrecklich war's.

WERNER: Ich kenn das auch. Ich steh morgens

gut auf, so etwas über der neutralen Mitte sogar. Früher brauchte mir nur eine Kleinigkeit quer zu kommen, und schon war ich mit meiner Befindlichkeit unter dem Gelassenheitspunkt.

JOURNALISTIN: Nennen Sie mal ein paar Beispiele.

WERNER: Toastbrot brennt an, Bus fährt vor meiner Nase weg, Nachbar lässt die Haustür offen, Hund pinkelt an unsere Mülltonne, meine Freundin versetzt mich, Warten an der Kasse, jemand kritisiert mich, die Einkaufstüte platzt, es regnet rein, mein Fahrrad ist geklaut – wissen Sie, ich könnte tausend Beispiele aufzählen. Was mich alles aus der Ruhe gebracht hat – unvorstellbar! Ich würde sagen, ich war öfter im dunklen Bereich der Skala als im hellen.

JOURNALISTIN: Und wo sind Sie heute meistens?

WERNER: Wenn ich die Bewusstseinsskala von 0 bis 100 denke, dann würde ich sagen, dass meine Durchschnittsbefindlichkeit so bei 85 liegt.

JOURNALISTIN: Aber die Ärgernisse, die Sie aufgezählt haben, sind doch nicht verschwunden. Was hat sich geändert?

WERNER: Meine Sicht, meine Bewertung der Ereignisse. Ich scheitere nicht mehr widerstrebend, sondern lässig.

FRANZ-JOSEF: Wir heizen uns nicht mehr emotional hoch durch das Haften an einem fixen Blickwinkel, sondern sehen eher das Ganze.

JOURNALISTIN: Können Sie das an einer eigenen Erfahrung veranschaulichen?

FRANZ-JOSEF: Ja, gerne. Ich habe mal ein Flugzeug verpasst. Ich dachte kurz, nun sei eine wichtige Verabredung geplatzt. Auf die Skala bezogen: Ich spürte, wie mein Dimmer nach links ging. Dann wurde mir bewusst, dass ich mich in einer eingeschränkten Sichtweise befand, dass ich alte Wertmaßstäbe veranschlagte, dass ich an ihnen festhielt. Mir wurde dann klar, dass ich gar nicht sicher sein konnte, ob mein wichtiger Termin wirklich so wichtig war. Ich merkte, wie ich dem starren Scheitern anheimfiel. Diese Reflektionen haben mich bereits Richtung Mitte gedimmert. Als ich dann erfuhr, dass mein verpasstes Flugzeug wegen eines Unwetters gar nicht zu seinem Bestimmungsort fliegen konnte, wurde mir einmal mehr bestätigt, wie bescheuert es ist, das Ausschnittsdenken über ein Gewahrsein des Ganzen zu stellen.

JOURNALISTIN: Sie unterscheiden zwischen einem starren und einem lässigen Scheitern.

WERNER: Ja, genau, das ist uns ganz wichtig.

JOURNALISTIN: Könnten wir diese Differenzierung mal zu der Bewusstseinsskala in Beziehung setzen?

FRANZ-JOSEF: Alles links der Mitte ist starres Scheitern, weil es auf einer vorverständnisfixierten Teilansicht beruht und deshalb unweigerlich

Emotionen wie Groll, Ärger und Hadern heraufbeschwört. Je nach Ausmaß des Scheiterns mehr oder weniger in der Nähe vom Nullinger, aber auf alle Fälle links der Mitte. Auch das lässig geschmeidige Scheitern lässt sich unterschiedlich positionieren. Bei meinem Flugzeug-Beispiel habe ich mich nur mittels Reflektion bis zur Mitte gehievt. Heute erlebe ich oft eine richtige Dankbarkeit beim »Scheitern«, weil ich fühle, dass mir schon wieder ein Umweg erspart bleibt. Dann bin ich natürlich weit rechts der Mitte, schon in der Nähe des Fullingers.

JOURNALISTIN: Das klingt ja nett, aber machen Sie es sich da nicht zu leicht? Haben Sie bei dieser Einstellung überhaupt noch Ausdauer?

WERNER: Das ist ein typischer Einwand. Den hören wir oft. Es ist so, dass jeder *nur* bei dieser Einstellung Ausdauer hat. Und zwar weil wir uns nicht links der Mitte unsinnig verheizen. Dadurch haben wir ja gerade die Kraft, und vor allen Dingen auch ausreichend Gelassenheit, um handlungsfähig zu sein. Wir müssen nicht emotional verstrickt reagieren, sondern können kreativ agieren.

FRANZ-JOSEF: Werner hat schon recht, aber selbst wenn es nicht so wäre, dann wären wir immer noch gut drauf, anstatt auf verlorenem Posten zu kämpfen.

JOURNALISTIN: Sie kommen mir vor wie »Heilige des Scheiterns«.

WERNER: Sind wir auch. Wir reden nicht vom Loslassen, sondern wir tun es im lässigen Scheitern, das heißt einfach im Mitgehen mit dem, was sowieso gerade ist. Das versuchen wir sogar in krassen Situationen; zum Beispiel, wenn dir dein Schatz mit einem anderen durchbrennt.

JOURNALISTIN: Leben Sie vielleicht in einem heiteren Verklärtheitshimmel und verdrängen Gefühle wie Verlustangst und Abschiedsschmerz?

WERNER: Mit den Schmerzen und Gefühlen gehen wir auch mit. Wir erleben sie sozusagen purer, weil sie seltener von verstrickten Emotionen überlagert werden. Das ist ein Zugewinn an Intensität und Echtheit.

JOURNALISTIN: Mir scheint, Sie unterscheiden zwischen Emotionen und Gefühlen. Sie siedeln also erstere links der Mitte und die Gefühle rechts der Mitte auf der Bewusstseinsskala an?

FRANZ-JOSEF: Genau. Gefühle bringen uns voran, verbinden uns mit der inneren Lebendigkeit; Emotionen sind verstrickte Aufwallungen. Diese Definitionen haben wir von der Akademie übernommen, um die unterschiedlichen Erlebnisqualitäten sprachlich auseinanderzuhalten.

JOURNALISTIN: Fassen wir unser Gespräch anhand der Bewusstseinsskala zusammen.

WERNER: Unser Anliegen ist es, mit dem Scheitern locker umgehen zu lernen. Sich seelisch nicht aus der Bahn werfen zu lassen. Damit das leichter klappt, konzentrieren wir uns auf die entscheidende Frage bei der Anwendung der Bewusstseinsskala: Wie kriegst du deinen Dimmer Richtung Fullinger beziehungsweise wenigstens Richtung Mitte?

JOURNALISTIN: Ja. Darum geht es. Das ist sozusagen der Knackpunkt der Glücksforschung. Im Buch *Der Glückspilot* werden viele Lebensthemen unter die Lupe genommen und zu der Bewusstseinsskala in Beziehung gesetzt. Auf dem Dimmer finden Sie den Glückspiloten. Der Gedanke ist, dass jeder Mensch einen Glückspiloten hat, der ihn auf der Bewusstseinsskala im besten Fall Richtung Glückseligkeit navigiert. Stellen Sie es sich so vor:

(Sie kritzelt auf ein Blatt Papier)

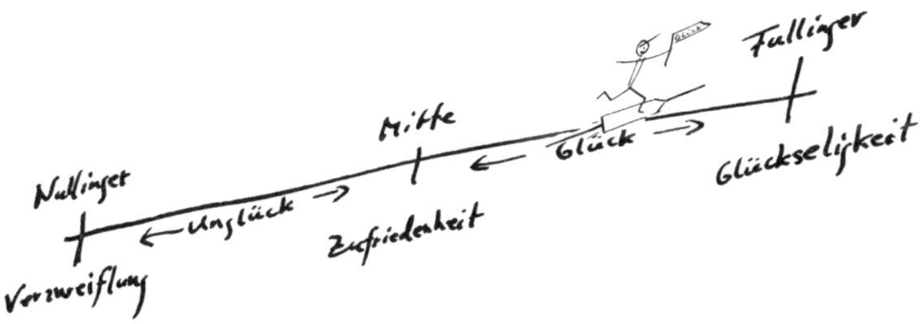

JOURNALISTIN: Das, wovon der Dimmer bewegt wird, ist der Glückspilot.

WERNER: Und wie genau navigiert er uns?

JOURNALISTIN: Eigentlich ist es ganz einfach. Dem Glückspiloten steht auf der Bewusstseinsskala die ganze Bandbreite unserer (Un-)glücksbefindlichkeit zur Verfügung. Es geht darum, in zwei Schritten vorzugehen. Nehmen wir ein Scheiter-Beispiel. Sagen wir, jemand will den Führerschein machen und fällt durch die Fahrprüfung.
Im *ersten Schritt* positioniert er sein individuelles, momentanes Erleben dieses Scheiterns auf der Bewusstseinsskala. Dabei bildet die Frage: »Wie frei ist mein Kopf?« den Gradmesser für die Positionierung. Im *zweiten Schritt* navigiert der Glückspilot Richtung Mitte oder Fullinger. Folgende Frage dient ihm als Kompass: »Was würde mir in dieser Scheiter-Angelegenheit den Kopf freier, das Herz weiter machen?«
WERNER: Aha. Und durch die individuelle Antwort des Scheiternden tritt dann die Fluglinie Richtung Glück hervor.
FRANZ-JOSEF: Und unsere Clubregeln sind sozusagen der Treibstoff für den Glückspiloten.
JOURNALISTIN: Exakt. Nun veranschaulichen wir anhand der Bewusstseinsskala unser Gespräch.
(Ende des Gesprächs)

DAS SCHEITERN UND DIE BEWUSSTSEINSSKALA

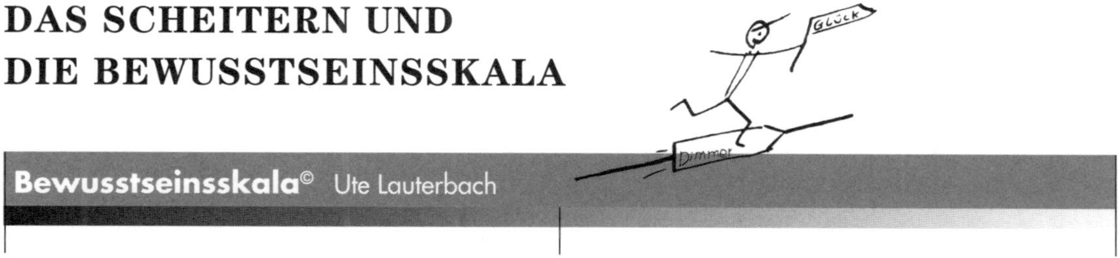

0 Nullinger	50 neutrale Mitte	100 Fullinger
Starres, widerstrebendes Scheitern.	**Scheitern als Impuls,** der gelassen aufgegriffen wird.	**»Lässiges Scheitern«,** im Einklang mit dem Lebensfluss.
Mit dem Kopf in der Wand. Von Emotionen gekrallt.	Ergiebiges Scheitern.	Flexibles Loslassen.
Verstricktes Reagieren. Hadern und maximaler Energieverschleiß.	Bereitschaft, Neues auszuprobieren.	Auf höherer Ebene kreativ agieren.
Ein Teilaspekt wird verabsolutiert.	Das Ganze wird vorausgesetzt.	Das Ganze wird erlebt.

KOMMENTAR GUSTAV: Ich finde die Bewusstseinsskala echt klasse, weil sie mir ermöglicht, in jeder Lebenssituation präzise zu checken, wo meine Befindlichkeit anzusiedeln ist. Und dann frage ich mich einfach, wie im Interview erwähnt, was würde mir in dieser Angelegenheit den Kopf freier machen? Schon habe ich klare Anhaltspunkte für eine Verbesserung meiner Situation. Mein Glückspilot weiß, was zu tun ist, um mich Richtung Fullinger zu navigieren. Das ist für mich das A und O. Trotzdem finde ich den dritten Ausstieg ebenfalls nützlich.

DRITTER AUSSTIEG: SCHEITERN ALS LEBENSKUNST

Wollen wir aus Leben und Scheitern eine Kunst, eine Lebenskunst machen, dann brauchen wir den Dimmer rechts der Mitte. Mit den folgenden Sprungfedern können Sie der Angst vor dem Scheitern den Stachel nehmen, damit es leicht in eine Lebenskunst gewendet wird.

Die Lösung des Problems des Lebens merkt man am Verschwinden dieses Problems.
Ludwig Wittgenstein

- Stellen Sie die Doppelfrage:
  1. Was ist das Schlimmste, das passieren könnte?
  2. Ist dieses Schlimmste *wirklich* so schlimm?
- Fragen Sie sich, ob Sachzwänge Sie zwingen dürfen.
- Leisten Sie sich bewusste Fehler anstelle von perfektionsgetriebenen Nervenzusammenbrüchen.
- Wenn Sie die Wahl hätten zwischen »Es hat viel Spaß gemacht, aber nichts gebracht« und »Es hat viel gebracht, aber keinen Spaß gemacht«, was wählen Sie?
- Kultivieren Sie die Bereitschaft, sich zu blamieren!

- Seien Sie als konsequenter Lebenskünstler inkonsequent.

Wer mit diesen Sprungfedern vertraut ist, wird locker in die Lebensfreude katapultiert. So macht sogar das Scheitern Spaß und Sinn. Wem das suspekt vorkommt, der beherzigt vielleicht lieber die folgende Anleitung zum zielstrebigen Misserfolg. Sie gilt für alle, die sich auch noch beim Scheitern anstrengen:

- Stecken Sie Ihre Ziele einfach zu hoch. Das entmutigt garantiert.
- Achten Sie darauf, dass Ihre Ziele nicht zu großartig sind, denn das könnte zuviel Begeisterung in Ihnen auslösen.
- Besser sind artige, etwas langweilige Ziele, denn sie motivieren nicht.
- Zielsetzungen unter Ihrem Niveau haben den Vorteil, dass Befriedigung vermieden wird.
- Speisen Sie Zielsetzungen aus Ihrem Pflichtgefühl, nicht aus lustbetonten Neigungen.
- Gehen Sie grundsätzlich davon aus, dass Sie Ihre Ziele nicht erreichen, dann werden Sie auch nicht enttäuscht.
- Wenn Sie erfolglos sein wollen, dann ist es wichtig, an jedem Ziel verbissen festzuhalten.
- Kultivieren Sie ein ausgeprägtes Problembe-

wusstsein; es wird Ihnen helfen, überall nur die Schwierigkeiten zu sehen.[3]

Beleuchten wir nun den Unterschied zwischen einem fröhlich lässigen② und einem verstrickten④ Scheitern (siehe Seite 26 f) nocheinmal.
Während das fröhliche Scheitern ein beschwingtes Ausprobieren ist, das uns auf dem Lernweg voranbringt, sind Verstrickung und Anstrengung die wirkmächtige Basis des üblen Scheiterns.
Das Scheitern als große Last geht ganz leicht, kommt wie von selbst angeflogen, wenn uns Verstrickung gelingt. Erfolg hingegen droht, wenn wir gelassen sind und den Kopf frei haben. Also keine Gelegenheit auslassen, sich und andere in die Verstrickung zu treiben! Der Beginn einer Verstrickung ist leicht erkennbar: Es ist der Moment, wo wir reagieren, aber nicht mehr entspannt agieren können. Kurz: der Augenblick, in dem der Dimmer nach links flutscht. Dies ist genau der Augenblick, in dem unser Gedankenkarussell angeworfen wird. Die Installation dieser wirkmächtigsten Basis für das Scheitern sollten wir nicht dem Zufall überlassen, sondern systematisch betreiben. Hier einige Hinweise, wie Verstrickung leicht gelingt:

[3] Auszug aus: Ute Lauterbach, *Spielverderber des Glücks,* Kösel-Verlag 2001, S. 177

1. Bei sich selbst

- Nehmen Sie grundsätzlich alles persönlich: jeden hängenden Mundwinkel, jeden Verkehrsstau.
- Weichen Sie nicht von Ihren Wertmaßstäben ab. Beharren Sie auf Ihrer Sicht.

2. Bei andern

- Geben Sie andern Ratschläge.
- Schlagen Sie sich unbedingt auf die Seite des Kontrahenten Ihres Gegenübers. Beispiel: Wenn sich Gerda über ihre Mutter aufregt, dann ergreift Alfons sofort Partei für die Mutter. Dadurch wird Gerdas Gedankenkarussell beschleunigt.
- Reden Sie vernünftig und besserwisserisch daher, weil Sie dadurch Ihren Gesprächspartner schön auf der Strecke lassen. So treiben Sie ihn gut in die Verstrickung.
- Vermeiden Sie Fragen, denn das würde Ihr Gegenüber beruhigen und emotionalem Einsteigen entgegenwirken.
- Lesen Sie auf gar keinen Fall das Buch *Raus aus dem Gedankenkarussell*[4] – es sei denn,

[4] Ute Lauterbach, *Raus aus dem Gedankenkarussell*, Kösel-Verlag 2004

Sie wollen noch genauer wissen, was Sie vermeiden müssen, um dem freien Kopf keine Chance zu gewähren.

➢ Steuern Sie grundsätzlich gegen: Wenn Udo traurig ist, dann sagen Sie »Kopf hoch!«

Wir sehen klar, dass die entscheidenden Weichenstellungen Richtung Glück tatsächlich mit dem Verstrickungsgrad beziehungsweise Freiheitsgrad unserer Befindlichkeit stehen und fallen. Wenn wir das Scheitern als Beitrag zur Lebenskunst begreifen, kann unser Glückspilot uns leichter Richtung Fullinger navigieren. Anstatt jeden unfreiwilligen Veränderungsprozess als massives Scheitern zu interpretieren, lernen wir, Veränderungen als Kick und Transformation zu schätzen. Das ist nicht immer ein Sonntagsspaziergang.

Als *Akademie für angewandte Lebenskunst* freuen wir uns deshalb, die vielen Clubs für lässiges Scheitern in ihrem Anliegen akademisch zu begleiten. Wir möchten durch unsere Reflektionen die eher saloppen Clubregeln an die empirische Erfahrung anbinden und theoretisch auf sichere Füße stellen. In der Hoffnung, dass uns dies geglückt ist, schicken wir unsere Studie in die Welt. Es folgen die Clubregeln. Sie haben bereits Millionen von Menschen geholfen, ihre Sicht zu erweitern, Werte neu zu definieren, mehr inneren

Frieden zu finden, ihre Lebensfreude zu steigern, nicht mehr Opfer ihrer Umstände zu sein, loszulassen, was sowieso futsch ist – kurz: glücklicher zu leben.

DIE CLUBREGELN FÜR ERGIEBIG LÄSSIGES SCHEITERN

KOMMENTAR GUSTAV: Sollte in Ihrer Nähe kein Club für lässiges Scheitern sein, was unwahrscheinlich ist, aber falls eben doch, so können Sie durch die gewissenhafte Beantwortung und Beherzigung der folgenden Ausführungen gut ohne Club leben. Nein, eigentlich ist es mit Club schon besser. Aber mit den Regeln können Sie ja einfach einen weiteren Club aufmachen. Dann wäre auch einer für die Leute in Ihrer Nähe da, nämlich Ihrer. Kompliziert ist nichts. Das ist übrigens ein zentrales Motto: »Weil‘s leicht ist, musst du‘s schon selbst schwer machen.« Oder umgekehrt: »Zurück zum Wesentlichen durch Vereinfachung.« Oder kürzer: »Entweder kompliziert oder wesentlich.«

Jetzt, wo mein Haus abgebrannt ist, sehe ich den Himmel viel besser.
Zen-Spruch

Was wir auch gerne machen: Redensarten verdrehen. Zum Beispiel: »Es ist zu schön, um unwahr zu sein.«

Ich könnte Ihnen noch etliche Leitsätze der Scheiterkultur vorlegen, aber jetzt erst mal die Clubregeln.

DIE CLUBREGELN

1. Die Aufnahmebedingung

Um die Aufnahme in den Club für lässiges Scheitern zu erwirken, muss einfach nur genau analysiert werden, in welche der drei unten aufgeführten Kategorien die scheiternde Person einzuordnen ist. Für die Zuordnung ist das je eigene Empfinden ausschlaggebend. Kreuze die für dich zutreffende Kategorie an:

- ❑ Erste Kategorie: Es geht einfach nur bergab
  Das ist noch nichts besonderes. Es biegt, aber bricht noch nicht. Du könntest trotzdem in den Club aufgenommen werden, wenn du ausreichend mies drauf bist, wenn du gegen die Situation ankämpfst, und wenn du schön schwarz siehst.
- ❑ Zweite Kategorie: Vollständiges Scheitern
  Du wirst bedingungslos aufgenommen, weil dein Karren echt im Dreck steckt. Die Situation kann nicht gerettet werden. Wenn du beispielsweise dein Unternehmen an die Wand gefahren hast.

- ❑ Dritte Kategorie: Vollständiges Scheitern auf ganzer Linie
  Für dich steht der Sonderservice »Clubaufnahme rund um die Uhr« zur Verfügung. Du hast nämlich gar keine Situation, die nicht mehr zu retten ist, sondern du bist gewissermaßen selbst die Situation. Du hast dein Unternehmen an die Wand gefahren, wurdest als Aushilfsarbeiter bei der Müllabfuhr abgelehnt, deine Frau ist weggelaufen, dein Besitz ist unterm Hammer usw.

2. Die Bedingungen des Scheiterns begreifen

Prüfe, ob du die Voraussetzungen des Scheiterns alle erfüllst. Kreuze an. Damit es dir überhaupt gelingen kann zu scheitern, musst du folgende Bedingungen erfüllen:

- ➢ Du wolltest etwas, und es ist anders gelaufen, als du wolltest.
  ❑ ja ❑ nein
- ➢ Obwohl es anders kam, als du wünschtest, findest du nach wie vor, dass dein ursprünglich Gewünschtes erstrebenswerter ist als der gegenwärtige Gang der Dinge.
  ❑ ja ❑ nein

➢ Hinter dem, was du nach wie vor willst, verbergen sich Wertvorstellungen, von denen du überzeugt bist. Zum Beispiel: Reich ist besser als arm. Du hältst an diesen Werten auch jetzt noch fest.
❑ ja ❑ nein

Auswertung: Herzlichen Glückwunsch! Du hast dreimal »ja« angekreuzt. Du erfüllst die Bedingungen für das Scheitern.
Schlechte Nachricht: Du bist nicht in der Lage, ergiebig und lässig zu scheitern – außer du hättest bei den letzten beiden Punkten »nein« angekreuzt.

3. Vorgehen bei unvollständigem Scheitern

Achtung! Wenn du merkst, dass es bergab geht, aber das vollständige Scheitern noch nicht eingetreten ist, dann schenkt dir das Leben eine ganz besondere Gelegenheit. Beherzige folgende Schritte:
➢ Stopp einlegen und innehalten.
➢ Nachdenken.
➢ Kurs wechseln.
➢ Lösung auf anderer Ebene suchen.

➢ Nicht noch mehr Energie in die Bergab-Ebene investieren.

So nutzt du das Biegen, bevor es zum Brechen kommt. Das unvollständige Scheitern erweist sich im Nachhinein als ergiebig und du dich als geschmeidig. Du wusstest das Feedback vom Leben zu nutzen. Motto: Flexibel ist besser als rigidel.

4. Vorgehen bei vollständigem Scheitern

Du hast einen vollständigen Wendepunkt erreicht. Neben dem »Rund-um-die-Uhr-Aufnahmeservice im Club für lässiges Scheitern« würdest du als Neu-Mitglied die Wendeblattanstecknadel erhalten (Werners Idee). Trott und Gewohnheit sind beendet. Das Leben ist wieder ein Abenteuerspielplatz. Es kann nicht schlimmer werden. Du bist jetzt kreativ – ganz von selbst, ob du willst oder nicht. Was du beim unvollständigen Scheitern noch freiwillig verändern durftest, kannst du jetzt dank endgültiger Direktkonfrontation auch in Angriff nehmen. Den ersten Punkt »Stopp einlegen und innehalten« hat das Leben schon übernommen. Du kannst nun nachdenken und einfach etwas anderes machen. Dabei unterstützen dich die weiteren Clubregeln.

5. Vom Ausschnitt zum Ganzen gelangen

Du trägst die Wendeblattanstecknadel, bist also auf der ganzen Linie gescheitert. Dein Lebenswerk liegt in Scherben vor dir. Du betrachtest die Scherben mutterseelenallein. Deine Frau ist mit den Kindern verschwunden. Du gehst zu Fuß, dein Auto ist zu Schrott gefahren. Immerhin kannst du noch laufen und atmen. Bitte beantworte die folgenden Fragen:

➢ Kannst du ganz sicher sein, dass dein Scheitern wirklich in jeder Hinsicht als Scheitern zu betrachten ist?

❑ ja ❑ nein

➢ Welchen geheimen oder offensichtlichen Vorteil bringt dir dein »Scheitern«?

____

____

____

➢ Aufgrund welcher Wertvorstellungen und Maßstäbe stufst du deine Situation als »Scheitern« ein?

➢ Kannst du ganz sicher sein, dass diese Vorstellungen und Maßstäbe absolut richtig sind?

❑ ja ❑ nein

Egal, ob du ja oder nein angekreuzt hast, schreibe auf, mit welchen Vorstellungen und Maßstäben es dir in deiner jetzigen Situation besser ginge:

➢ Werde ein lässiger Scheiterer. Entscheide dich bewusst für die Sichtweise, bei der du den Kopf so frei und das Herz so weit wie möglich hast.

6. Vom Gedankenkarussell zur Realität

Wer im Scheitern ungeübt ist, es ablehnt oder seinen universellen Nutzen noch nicht ganz verstanden hat, ist richtig darauf fixiert. Obwohl nichts mehr zu retten ist, dreht das Gedankenkarussell eine flotte Runde nach der anderen:

»Ich hätte sollen ... wenn x nicht gewesen wäre, hätte y nicht die fatale Entscheidung getroffen ... aber ach, jetzt ist alles vorbei, nichts hat mehr Sinn ...«

➢ Betrachte jetzt, was wirklich passiert ist. Was ist unwiderruflich verloren?

____

____

____

➢ Welche Freiräume entstehen dadurch?

____

____

____

➢ Ist Blut geflossen?

❑ ja ❑ nein

➢ Wer ist schuld?

____

____

____

➢ Wie schwer wiegt diese Schuld?

____

____

____

➢ Willst du die Schuld schleppen und nachtragen? Egal, ob dir selbst oder anderen.

❑ ja ❑ nein

➢ Wer leidet am meisten unter deinem Scheitern?

❑ du selbst ❑ andere

➢ Macht das Sinn?

❑ ja ❑ nein

➢ Was könntest du jetzt tun oder lassen, um dein leidvolles Scheitern zu beenden?

____

____

____

➢ Tu's.

7. Den Tag schon vor dem Abend loben

Ein Anliegen des Clubs für lässiges Scheitern ist es, das ganze Leben als einen vollen Erfolg zu begreifen und es als solchen zu ergreifen – unabhängig davon, ob es klappt oder nicht. Clubregel Sieben setzt genau da an. Mach, was dich begeistert. Dann hast du Freude und Erfüllung schon gehabt, falls es schief geht. Koppel dich jetzt schon los vom Erfolg am Ende des Arbeitstunnels. Arbeite und lebe einfach unter freiem Himmel – nicht im Tunnel. Mach, was dir Spaß macht, und du wirst es nicht mehr schaffen, verbissen zu scheitern. So ging es uns jedenfalls. (Werner und Franz-Josef)
Schreib einfach auf, wie dein erfülltes Leben aussehen könnte:

8. Scheitern als persönlichen Film oder als Feedback des Universums begreifen

Hast du wirklich das Drehbuch deines Erfolgsfilms geschrieben? Bist du der alleinige Autor, Regisseur, Filmproduzent und Darsteller?

❏ ganz sicher ja ❏ vielleicht ❏ nein

Oder bist du Teil einer universellen Show, die sich besonders im Scheitern zeigt, wenn der von dir beabsichtigte Erfolgsfilm reißt?

❏ nein ❏ könnte sein

Glaubst du für das Weltgeschehen unendlich wichtig zu sein?

❏ ja ❏ nein

Wenn ja, dann müsstest du nachsitzen im Club. Denn wer sich so wichtig nimmt, hält verbissen an seinem Erfolgsfilm fest. Dadurch werden alle Ziele starr verfolgt. Lässiges Scheitern hat keine Chance.

9. Die Direktkonfrontation mit dem Ego durchschauen

Wenn du dich für grandios, wichtig, unersetzlich hältst, dann wird dich dein unerwünschtes Scheitern besonders treffen. Es sagt nämlich im Klartext: »So toll bist du nicht. Es läuft doch glatt nach meiner und nicht nach deiner Nase.« Unausweichlicher kann das Ego nicht getroffen und schmerzlicher nicht herabgesetzt werden.

Genau jetzt stehst du an einem Scheideweg: Motzt du dein Ego wieder auf oder verabschiedest du dich großzügig von ihm?

Was ist anstrengender?

❑ aufmotzen ❑ verabschieden

Das Ego ist verantwortlich für die vorfixierte Teilansicht, für die Identifikation mit dem Erfolgsfilm und für das Festhalten an einengenden Werten – deshalb sträubt es sich gegen das Scheitern. Es ist starr. Aber was bleibt, wenn das Ego weg ist? Vielleicht unser höheres Bewusstsein – nennen Sie es, wie Sie wollen. Auf alle Fälle ist das, was bleibt, lässig und geschmeidig. Anstatt sich vom Stand der Planeten, von Sachzwängen oder Bakterien beeindrucken zu lassen, lebt es ständig in leichtem Bewusstseinswandel. Sein Motto: »Nur in der Ungewissheit ist es gemütlich.«

10. Das Ende vom Alten als Anfang vom Neuen feiern

➢ Was soll dich mehr ziehen?

❑ Das Alte	❑ Das Neue
❑ Die Sicherheit	❑ Die Ungewissheit
❑ Der Tod	❑ Das Leben
❑ Das Ego	❑ Das Selbst
❑ Deine Meinungen	❑ Dein Bewusstsein

Das Leben ist ein irrsinniges Wagnis oder langweilig. Jede Sekunde ist erfüllt von Unendlichkeit, wenn wir anfänglich leben.
Wenn das Scheitern nur das Ende von Altem und der Anfang von Neuem ist, dann haben wir Grund zum Feiern.
In diesem Sinne herzlich willkommen im »Club für lässiges Scheitern«.

Diese Clubregeln wurden nochmals durchgesehen und für gut und lässig befunden von:

KOMMENTAR GUSTAV: Das sind also unsere Clubregeln. Das Besondere an ihnen ist eigentlich, dass sie nichts Besonderes sind. Sie sind so naheliegend und irgendwie normal, finde ich. Aber es gibt trotzdem so manche Menschen, die sich so sehr gegen das Scheitern sträuben und sich das Leben damit echt verderben. Das hat natürlich gute Gründe. Zur Illustration drucken wir hier stellvertretend für viele Beispiele den »Fall Schadow« ab.

DER FALL SCHADOW

Mein Name ist Schadow. Ich finde die Scheiterkultur saublöd. Sie würden mich vielleicht für erfolgreich halten, aber ich bin gescheitert, vor mir selbst jedenfalls. Neulich sah ich einen Bussard auf der äußersten Spitze einer Fichte sitzen. Da sitzt er allein. Auf einsamen Spitzen ist man allein. Ich wollte einsame Spitze sein. Besser als alle, erfolgreicher als alle. Nicht in jeder Hinsicht, aber wenigstens in einer. Das Bescheuerte ist, dass mir das sogar geglückt ist, aber nur wenige haben es gemerkt. So ist das. Ich bin gescheitert und nicht gescheitert.

Hindernisse bloß als Hindernisse zu betrachten, ist ein großes Hindernis.
Varga von Kibéd

Nach den blöden Clubregeln gehörte ich zu den Es-geht-einfach-nur-bergab-Leuten. Also nichts Besonderes, wie es heißt. Da wird mir schon schlecht, wenn ich das nur lese. Ich glaube, es wäre für mich leichter gewesen, richtig, also fundiert zu scheitern. Wenn Sie etwas versuchen und es klappt nicht, okay, dann ist es eben so. Aber wenn Sie was machen und es klappt gut und es erfreut alle, die es mitkriegen – ja, das ist prima. Aber was, wenn es kaum jemand mitkriegt – das ist einfach Mist. Da könnten Sie auch

nicht ergiebig und lässig scheitern. Wenn dann noch so ein Halbidiot daherkommt und mit Ihren Ideen eine laue Nummer mit Supererfolg schiebt, ja da würden Sie doch auch durchknallen. Oder würden Sie gelassen lächeln wie ein Buddha? Vielleicht gingen Sie in Therapie. Also ich war so mies drauf mit dem Scheitern, dass ich dachte, »jetzt biste reif für den Club«, – was aber bei mir eher den Beigeschmack von »für die Klapse« hat – »oder du gehst in Therapie«.
In der Therapie kam raus, dass mein Marktangebot super ist. Das wusste ich und meine 83 Kunden auch. Und warum nicht weltweit? Warum nicht wenigstens in Europa? Die Antwort: Ich habe keine Erfolgspersönlichkeit. So ist das. Und ob ich mir eine basteln könnte und wie die wäre? Ja, das ginge schon. Aber da wären sehr tiefgreifende Transformationsschritte erforderlich. Na ja, ich war zu allem bereit. Voraussetzung sei Selbstakzeptanz, um sich loslassen zu können. Wissen Sie, ich habe mich immer perfekt akzeptiert. Ich hatte mein Ziel klar definiert: einsame Spitze, kein Pfusch, nur das Beste, alles solide, gute Arbeit, voller Einsatz. Und das Ergebnis ist: Zu einsam, weil's nur wenige – konkret 83 – mitkriegen. Sehen Sie, ich drehe mich im Kreis.
Was ich nicht perfekt akzeptiere – ja, das stimmt – ist die Dürftigkeit meines Erfolgs. Aber die, so denke ich, hat doch nichts mit meinem Produkt,

nichts mit meinem Einsatz zu tun, sondern ist einfach Pech. Nein, meint die Therapeutin, ich hätte eben nicht nur auf der inhaltlichen, auf der Produktebene, nicht nur auf der Kundenebene, sondern auch auf der Verbreitungsebene mehr Erfolg, wenn ich diese beknackte Erfolgspersönlichkeit hätte. Und jetzt kommt die oberste Härte. Ich will also echt wissen, wie ich mir diese Persönlichkeit zulegen kann. Dann ging's los mit der Selbstwertexpertise: Blick in die Windeln, graben in der Kindheit, in der Familie usw. Ich erzähl's Ihnen. Wollen Sie auch eine Selbstwertexpertise machen? Dann beziehen Sie die Fragen einfach auf sich.

➢ War ich willkommen auf der Welt?
Ich sollte alles so nach meinem Gefühl beantworten. Ja, ich war willkommen, aber irgendwie zuviel. Ich versuchte deshalb, nicht zu stören und nicht weiter aufzufallen. Sozusagen pflegeleicht zu sein.

➢ Ob mir das geglückt sei?
In Relation zu dem, wie mir innerlich zumute war, ist es mir perfekt geglückt. Aha! Nicht weiter auffallen – das gelänge mir ja heute in meinem Job auch noch gut. Die Erkenntnis saß.

➢ Ob und wofür ich gelobt und getadelt worden sei?

Wenn alles glatt lief, dann war das einfach normal. Keine besonderen Würdigungen und Anerkennungen. Weder Abitur noch Examen wurden gefeiert. Wenn's nicht glatt lief, dann war Aufstand angesagt. Hatte ich beispielsweise aufgeräumt, aber ein Paar Schuhe nicht ordentlich unters Bett gestellt, so trat die Mutter mit Unmutsäußerungen gegen die Schuhe. Die hergestellte Ordnung, sozusagen das Hauptwerk, kommentierte sie nicht. Ich fand das sehr ungerecht. *Aha!* Der Fokus war mehr auf dem, was nicht so toll war als auf dem Geglückten. So schätze ich mich selbst ja auch noch ein. Als wenn die 83 nicht zählten! Obwohl ich gut von der Hälfte leben könnte. Erkenntnis Nummer zwei.

➢ Wie es um Erfolg in der Familie bestellt gewesen sei?

Es gab diesen erfolgreichen und angesehenen Opa, der aber aus politischen Gründen alles verlor und wieder neu anfangen musste. Er hat wieder was auf die Beine gestellt, aber im zweiten Anlauf einfach weniger. Seine Söhne – einer war mein Vater – waren zwar klug und teilweise genial, versandeten aber eher still.
Der andere Opa war in leitender Position, die er aufgrund einer maximal ungerechten Unterstel-

lung verlor. Er musste sogar die Stadt verlassen und ist dann nach ebenso ungerechtem Gefängnisaufenthalt an gebrochener Ehre oder gebrochenem Herzen gestorben. *Aha!* Die Jungs, eben die Opas, hätten es also gut drauf gehabt – inhaltlich –, wären aber aufgrund äußerer Faktoren nicht zur gerechten Ernte gekommen. Ob mir das vielleicht bekannt vorkäme? Ja, allerdings. Auch die dritte Erkenntnis offenbarte eine Parallele zu meinem persönlichen Erfolgsdrama.

➢ Ob es neben der Ächtung des einen Opas noch mehr sogenannte Schande in der Familie gegeben hätte?

Ja, leider. Gut versteckte. Davon hab ich dann auch erzählt, und am Ende war mir klar, wie ich mich innerlich kindheits- und familienkonform abstoppe. Dass ich es genauso drauf hab wie meine Ahnen; wir haben in der Therapie auch noch von Urgroßeltern gesprochen, so weit zurück ich mich eben erinnern konnte. Das Muster, das sich in meiner Familie durchzieht, wurde deutlich: Die Männer sind klasse, aber ihr Wirkungsradius ist eher klein oder wird durch die Umstände zerstört.

Eine Großtante spulte das Erfolgsdrama meiner Familie in der Projektion ab. Sie hatte ihr Erfolgsdenken auf die Politiker projiziert und

nahm sich das Leben, als unser Land den Krieg verlor.
Ich kapierte jetzt natürlich, weshalb das Scheitern für mich einfach nicht in Frage kommt – es rührt an die wundesten Punkte meiner Familiengeschichte.

➢ Ob ich stolz auf meine Familie sei?
Das war eine komische Frage. Gerne hätte ich sie vollherzig mit Ja beantwortet.

➢ Ob ich stolz auf mich sei?
Eine noch komischere Frage. Natürlich nicht. Ich erkenne voll und ganz, was ich kann und leiste, aber weil ich ja trotzdem scheitere, bin ich doch nicht stolz auf mich. Das käme mir wie ein künstliches, abwegiges Gefühl vor.

➢ Ob das bedeute, dass ich meine Fähigkeiten, mein Produkt eher im Verborgenen halten würde?
Wahrscheinlich schon. Aha! Wieder eine Erkenntnis.

➢ Und dass ich mich unter Wert verkaufen würde?
Ja, auch.
Aha! Das bedeutete, dass ich eigentlich viel besser sei, als ich zu erkennen gebe. Eine Erfolgspersönlichkeit zeigt, was sie kann und weiß und

was sie wert ist. Da ich das nicht tue, bin ich keine.
Ja, prima – jetzt ist es also bewiesen. Und mir geht's weder besser, noch habe ich inzwischen diese olle Erfolgspersönlichkeit. Jetzt müsste ich dran arbeiten. Das heißt also gegen die ganze Familienmafia, gegen die Kindheit vorgehen? Nein, heißt es in der Therapie, nicht gegen sie vorgehen, sondern sie integrieren, akzeptieren. Letztlich mich selbst mit dem ganzen Salat lieben. Ich dachte, das täte ich. Nein, meint die Therapeutin, ich liebte mich eben nur *ohne* Salat, nicht *mit*. Ich frage zurück, woran ich erkennen kann, dass ich mich *mit* Salat liebe. Daran, dass ich mich nicht mehr anstrenge und nicht mehr leide, wenn andere mit meiner Goldmedaille durch ihr Ziel laufen.
Da sage ich: »Nein danke, ich bin doch nicht heilig.« Daraufhin stellt mich die Therapeutin vor die Wahl: entweder heil oder erfolgsgeil. Ich will aber Gerechtigkeit. Vielleicht sei alles viel gerechter, als sich meinem Ausschnittsdenken zeigte. Ja, vielleicht.
Die Therapie ging noch weiter und am Ende der letzten Sitzung – Sie glauben es ja nicht – trete ich strahlend dem »Club für lässiges Scheitern« bei.

KOMMENTAR GUSTAV: Vielleicht ist der Name unseres Clubs einfach irreführend. Es geht uns um den Lebenserfolg, anstatt um die Erfüllung irgendwelcher Leistungsideen. Hierzu habe ich noch schöne Sätze von Werner gesammelt. Ich nenne sie Ankersätze für lässiges Scheitern. Damit Sie sie nutzen können, habe ich jeden mit einer Frage versehen. So können Sie gut Ihren Standort bestimmen. Und wenn Sie Lust haben, dann schieben Sie Ihre Antworten doch gleich noch über die Bewusstseinsskala, damit Ihr Glückspilot Sie leichter zum freien Kopf, also Richtung Fullinger navigieren kann.

ANKERSÄTZE FÜR LÄSSIGES SCHEITERN

There is more than one way to be a loser.
Nick Hornby

1. Jede Veränderung, die ich mit übertriebener Kraft erwirke, geht in die Binsen.
   ➢ Gibt es Bereiche, in denen ich mit dem Kopf durch die Wand will? Welche? Wie kann ich aussteigen?
2. Wenn es weh tut, dann nicht über das seelische Unbehagen hinweggehen.
   ➢ Was stecke ich einfach so weg, obwohl es mir wehtut?
3. Sich ganz und gar ernst zu nehmen heißt, sich auf eine gute Art nicht mehr ernst zu nehmen.
   ➢ Wie ernst nehme ich mich?
4. Ich erlaube mir doppelt soviel, damit die Hälfte reicht. Wie es meistens geht: Ich erlaube mir die Hälfte, obwohl ich das Doppelte benötige.
   ➢ In welchen Hinsichten nehme ich mich zurück? Wie wäre ich, wenn ich das nicht mehr machte?
5. Wer sich durchsetzen kann, braucht nicht zu kämpfen.

- ➢ Wann und wo fühle ich Kampf? Wie sähe meine schlichte, friedliche, klare Durchsetzung aus?

6. Das Wichtigste ist, im Leben zu lesen.
   - ➢ Weiß ich, was mir meine Umstände sagen?
7. In jeder Gegenwart zimmern wir uns neue Vergangenheit durch Nichtgesagtes.
   - ➢ Welche wahren Worte müsste ich sprechen?
8. Nimm, was da ist. Warte nicht auf das, was nicht da ist.
   - ➢ Was könnte ich mehr ausschöpfen?
9. Sparflamme schwächt. Volle Kanne stärkt.
   - ➢ In welcher Hinsicht könnte ich mehr auf die Pauke hauen?
10. Das Geheimnis liegt darin, den anderen zu lassen, wie er oder sie ist.
    - ➢ Versuche ich irgendjemanden zu ändern oder zu erziehen?
11. Dem Wesentlichen Vorrang geben: Lebensqualität statt mehr Pullover.
    - ➢ Habe ich genug vom Richtigen?
12. Tugenden taugen nur als Nebenwirkung.
    - ➢ Will ich ein guter Mensch sein – oder einfach sein?
13. Wenn wir aufhörten, uns selbst niederzumachen, hätten wir längst einen Fuß im Paradies.
    - ➢ Wie steht es um mein Paradies?

14. Handeln statt hirnen. Konkretes Tun bringt in Bewegung.
    - ➢ Was könnte ich jetzt tun, damit es mir besser geht?
15. Wenn es jemanden zu retten gilt, dann mich.
    - ➢ Kommt es vor, dass ich mich überspringe? Wenn ja, wie? Welchen Gewinn bringt es mir? Ist es wirklich ein Gewinn? Kann ich sicher sein, ihn nicht zu haben, wenn ich mich rettete?
16. Selbstbildveränderung erwirkt Wahrnehmungsveränderung.
    - ➢ Ist mir bewusst, dass ich ganz anders bin, als ich denke zu sein?
17. Das Scheitern bietet die Chance, etwas anders zu machen.
    - ➢ Gibt es Sackgassen in meinem Leben, in die ich immer wieder renne? Zu welcher Alternative rufen sie mich auf?
18. Ohne Drama mehr Power.
    - ➢ Wieviel Energie verpulvere ich in psychodramatischen Auftritten oder Gedanken?
19. Alles, was mir gut tut, tut unterm Strich auch meinem Umfeld gut.
    - ➢ Glaube ich diesen Satz? Welche Konsequenzen ziehe ich?
20. Wenn ich mit anderen spiele, spiele ich automatisch mit mir selbst.

- ➢ Wie kann ich Manipulation und Spielchen durch Direktheit ersetzen?

21. Holzwege abbrechen, nicht ewig dranbleiben.
    - ➢ Auf welchen Holzwegen trotte ich schon zu lang?
22. Im Dankbarsein sage ich Ja zum Leben?
    - ➢ Wofür bin ich dankbar?
23. Übertreiben ist das Gegenteil von Verdrängen.
    - ➢ Wie kann ich meine Schwachstellen willkürlich übertreiben oder ins Gegenteil kehren?
24. Handlungsfähig ist, wer die Bereitschaft zur Konsequenz hat.
    - ➢ Ich frage mich, ob ich sogar zu den krassesten Konsequenzen meines Handelns bereit bin.
25. Absprung nach innen, anstatt Angriff nach außen.
    - ➢ Wie könnte ich mich selbst so gut berücksichtigen, dass ein Angriff nach außen nicht mehr nötig ist?
26. Wenn ich an einer Stelle in meinem Leben positiv ansetze, entsteht ein positiver Regelkreis.
    - ➢ Mit welchem Einstieg könnte ich aus Altem aussteigen?
27. Werte durch eigenes Wohlbefinden ersetzen.

- ➢ Was beeinträchtigt mein Wohlbefinden? Welcher Wert steckt hinter der Beeinträchtigung? Kann ich sicher sein, dass dieser Wert wirklich das Gelbe vom Ei ist?

28. Es ist besser, für die Lust zu sparen als für die Not.
    - ➢ Für welche Freude lohnte es sich zu sparen?

KOMMENTAR GUSTAV: Sowie mir die Lässigkeit abhanden kommt, überprüfe ich anhand dieser Ankersätze, was ich ändern könnte. Bevor ich meinen Beitrag beende, möchte ich Ihnen noch meinen Lieblingsslogan der Kultur des Scheiterns sagen: »Müßiggang ist aller Tugend Trumpf.« In diesem Sinne wünscht Ihnen viel Zeit

Gustav

DIE GEGENBEWEGUNG

Die Studie der *Akademie für angewandte Lebenskunst* und die Clubregeln fangen nur einen Bruchteil der blühenden, lebensfrohen Scheiterkultur ein. Inzwischen ist das lässige Scheitern selbstverständlich in unseren Alltag integriert und es wird wertgeschätzt, weil es schnurstracks zum Wesentlichen führt. Erinnern Sie sich noch an die erfolgsgeilen Zeiten? Immer so tun, als wäre man gut drauf, hätte alles im Griff, knallvoller Terminkalender, inter-country-jetting, www.weltweit.com. Herzinfarkt.

Angst ist das Schwindelgefühl der Freiheit.
Sören Kierkegaard

Unglaublich viel hat sich verändert. Das wissen Sie selbst. Haben Sie den Film »Einer, der erfolgreich sein wollte« gesehen? Ein guter Dokumentarfilm über die entspannenden Dimensionen lässigen Scheiterns.

Ganz anders urteilte vor zehn Jahren die Fernsehsendung »Scheitern ist Schwäche«. Es war, als ob unsere Urgroßeltern sprächen. Eigentlich nicht verwunderlich, denn jede Bewegung, die viele Menschen erfasst, scheint Gegenbewegungen heraufzubeschwören. Das Neue löst immer Ängste aus. Es gefährdet das Alte, das Vertraute. Diese Ängste kamen in der Fernsehsendung deutlich zum Ausdruck. Vielleicht kennen Sie sogar Menschen, die heute noch Angst vor dem Scheitern haben. Es folgen einige Zitate aus der Fernsehsendung »Scheitern ist Schwäche«:

- »Wer sich aufs Scheitern verlegt, ist willensschwach und hat keine Visionen.«
- »Die Kultur des Scheiterns ist der Untergang des Abendlandes.«
- »Bald besteht ganz Europa aus Sozialhilfeempfängern.«
- »Vom fröhlichen Scheitern zu reden, ist einfach hartherzig angesichts schwerer Schicksalsschläge.«
- »Soll der Chirurg, der bei einer Operation scheiterte, etwa fröhlich lächeln?«
- »Eine Loser-Nation – das hat uns gerade noch gefehlt!«
- »Wer bezahlt unsere Renten?«
- »Und was für Vorbilder haben unsere Kinder in der Sekte der Scheiternden?«
- »Wo kommen wir hin, wenn jeder nur noch macht, was ihn freut?«
- »Lässig scheitern – das ist doch nur eine beschönigende Redeweise für satte Misserfolge.«
- »Ergiebig scheitern – das ist kompletter Schwachsinn. Scheitern darf einfach nicht vorkommen. Etwas Unergiebigeres als das Scheitern gibt es gar nicht.«

Lang, lang ist's her. Wie menschlich, lebendig und authentisch unsere Welt inzwischen geworden ist. Scheitern und Unvollkommenheit stiften Nähe. An perfekten, glatten Oberflächen rutscht man ab. Dann doch lieber strubbelig und spürbar. Oder noch schöner: mit freiem Kopf und weitem Herzen dicht am Fullinger leben.

UND HEUTE?

Die Kultur des lässigen Scheiterns hat sich derart ausgedehnt, dass die ganze Welt eine Art Club geworden ist. Scheitern und Erfolg können inzwischen als Synonyme gebraucht werden. Denn wirklichen Erfolg haben nur die Meister im Scheitern. Was im Scheitern freigelegt wird, ist der Weg zum Wesentlichen. Auf ihm erkennen wir die wahren Prioritäten und lassen sie erblühen. Wie gut, dass wir nicht im Gestern leben, sondern heute. Und heute ist JETZT.

Nur der Augenblick zählt, und der schöne Augenblick ist unvergänglich.
Antal Szerb

ÜBER DIE AUTORIN

Ute Lauterbach

➢ Wer war Ute Lauterbach?
- Vor 1988 Studienrätin für Philosophie und Englisch.
- 1988 stieg sie in den philosophisch-therapeutischen Bereich ein.
- Sie gründete das Institut für psycho-energetische Integration.

➢ Und was ist sie jetzt?
- Leiterin dieses Instituts.
- Waldbewohnerin.
- Philosophin.
- Buchautorin.
- Unsinnsexpertin.
- Schicksalsforscherin.

➢ Was macht Ute Lauterbach?
- Philosophische Seminare über Sein, Sinn und Unsinn.
- Workshops zur psycho-energetischen Integration.
- Coaching/Supervision/Firmen navigieren/ Einzel- und Gruppentraining.
- Vorträge im In- und Ausland, TV und Radio.

- Special
  - U.L. ist bis in feinste Nuancen zuhause in deutscher und englischer Sprache.
  - Inspirierend lebendige Bühnenpräsenz der geistsprühenden Art.
  - Darstellerisches Talent und obendrein voller Empathie.

- Veröffentlichte Bücher und CDs
  - »Werden Sie Ihr eigener Glückspilot«, dtv, 2. Auflage 2007
  - »LiebesErklärungen«, dtv 2005
  - »Spielverderber des Glücks«, Kösel-Verlag, 5. Auflage 2005
  - »Raus aus dem Gedankenkarussell«, Kösel-Verlag, 4. Auflage 2006
  - 18 Vorträge auf CD

- Noch nicht geschriebene Bücher
  - »Wish big«
  - »Keine Angst vor Bananen oder: Was ich morgen nicht gedacht habe, brauche ich gestern nicht vergessen«

- Wo im Wald?
  - Ute Lauterbach
Institut für psycho-energetische Integration
Zum Johannistal 1, D-57610 Altenkirchen
Fon +49(0)2681-2402, Fax -2405
E-Mail: info@ute-lauterbach.de
www.ute-lauterbach.de